Lothar J. Seiwert

30 Minuten für mehr
Zeit-Balance

mit
Life-Leadership®
Konzept

3. Auflage

Die Deutsche Bibliothek – CIP-Einheitsaufnahme:

Ein Titelsatz für diese Publikation ist bei der Deutschen Bibliothek erhältlich.

Redaktion: Bettina Spangler, Overath
Illustrationen: Werner Tiki Küstenmacher, Gröbenzell
Umschlag und Layout:
Vitting & Wagner Kommunikation, Darmstadt
Satz: FROMM MediaDesign GmbH, Selters/Ts.
Druck und Verarbeitung: Salzland Druck, Staßfurt

3. Auflage 2002
© 2001 GABAL Verlag GmbH, Offenbach

Hinweis:
Das Buch ist sorgfältig erarbeitet worden. Dennoch erfolgen alle Anga-ben ohne Gewähr. Weder Autor noch Verlag können für eventuelle Nachteile oder Schäden, die aus den im Buch gemachten Hinweisen resultieren, eine Haftung übernehmen.

Printed in Germany

ISBN 3-89749-119-2

www.gabal-verlag.de

In 30 Minuten wissen Sie mehr!

Dieses Buch ist so konzipiert, dass Sie in kurzer Zeit prägnante und fundierte Informationen aufnehmen können. Mit Hilfe eines Leitsystems werden Sie durch das Buch geführt. Es erlaubt Ihnen, innerhalb Ihres persönlichen Zeitkontingents (von 10 bis 30 Minuten) das Wesentliche zu erfassen.

Kurze Lesezeit

In 30 Minuten können Sie das ganze Buch lesen. Wenn Sie weniger Zeit haben, lesen Sie gezielt nur die Stellen, die für Sie wichtige Informationen beinhalten.

- Alle wichtigen Informationen sind rot gedruckt.

- Schlüsselfragen mit Seitenverweisen zu Beginn eines jeden Kapitels erlauben eine schnelle Orientierung: Sie blättern direkt auf die Seite, die Ihre Wissenslücke schließt.

- *Zahlreiche Zusammenfassungen innerhalb der Kapitel erlauben das schnelle Querlesen. Sie sind rot gedruckt, so dass Sie sie leicht finden können.*

- Ein Register erleichtert das Nachschlagen.

Inhalt

Vorwort

"Ob etwas Gift oder Heilmittel ist,
bestimmt allein die Dosis." **Hippokrates**

Wir leben in einer Welt, in der für die meisten von uns alle Möglichkeiten offen stehen. Wir können wählen, welchen Beruf wir ergreifen, mit welchen Menschen wir uns umgeben, wie wir wohnen und wie wir unsere Freizeit gestalten.

Gerade die Vielfalt der Optionen und Wahlmöglichkeiten stellt viele Menschen vor große Probleme. Sie nehmen von allem zu viel. Sie arbeiten zu viel und vernachlässigen dafür ihre Beziehungen, ihren Körper und ignorieren ihre inneren Glaubenssätze. Sie essen zu viel und zu wahllos und zerstören damit ihre Gesundheit. Sie hetzen durch ihr Leben und merken gar nicht, dass es an ihnen vorbeiläuft.

Die wichtigste Gabe für ein ausgeglichenes und glückliches Leben ist die Kunst, sich zu entscheiden – täglich eine bewusste Auswahl zu treffen und nur die Dinge zu tun, die uns am Herzen liegen.

Das *Life-Leadership-Konzept* vermittelt Ihnen, wie Sie das eigene Leben bewusst und eigenverantwortlich in die Hand nehmen und gestalten können. Ich möchte Ihnen damit Brücken bauen: zu einem Leben ohne Hetze und ohne schlechtes Gewissen – zu Ihrem Leben in Balance.

Ihr Lothar J. Seiwert

www.seiwert.de

Nimm dir Zeit

Nimm dir Zeit, um zu arbeiten;
es ist der Preis des Erfolgs.
Nimm dir Zeit, um nachzudenken;
es ist die Quelle der Kraft.
Nimm dir Zeit, um zu spielen;
es ist das Geheimnis der Jugend.
Nimm dir Zeit, um zu lesen;
es ist die Grundlage des Wissens.
Nimm dir Zeit, um freundlich zu sein;
es ist das Tor zum Glücklichsein.
Nimm dir Zeit, um zu träumen;
es ist der Weg zu den Sternen.
Nimm dir Zeit, um zu lieben;
es ist die wahre Lebensfreude.
Nimm dir Zeit, um froh zu sein;
es ist die Musik der Seele.
Nimm dir Zeit, um zu genießen,
es ist die Belohnung deines Tuns.

Irisches Gedicht

1. Von Time-Management zu Life-Leadership – Zeit-Balance statt Zeit-Brisanz

SINN FAMILIE KÖRPER ARBEIT

„Nur wer die Wellentäler von Muße und Entspannung genauso begeistert surft wie die Wellenberge von Stress und Anspannung, wird zum Robby Naish* des Erfolgs."

Alexander Christiani

(*Robby Naish ist 12facher Surfweltmeister)

Fragen Sie sich manchmal, warum Sie die Dinge tun, die Sie tun? Oder drehen Sie sich wie viele andere Menschen tagein tagaus gedankenlos in Ihrem Rad? Solange Sie erledigen, was von Ihnen erwartet wird, ist doch alles in schönster Ordnung. Oder??? Bestimmt glimmen in Ihnen hin und wieder Wünsche, Träume, Hoffnungen auf, wie Sie Ihr Leben gern tatsächlich leben würden, wenn Sie selbst entscheiden könnten. Die gute Nachricht: Sie können. Die schlechte: Es reicht nicht, dass Sie es ‚möchten'; Sie müssen es schon *wollen*. Und das ist mit ein wenig Anstrengung verbunden.

1.1 Machen Sie sich zum wichtigsten Menschen in Ihrem Leben

Der Beginn eines sinnvollen Lebens liegt in Ihrer bewussten Entscheidung. Es ist entscheidend, wie Sie persönlich Ihre Zeit nutzen. Dabei geht es weniger um klassisches Zeitmanagement als vielmehr um *Selbstmanagement*. Es ist bei weitem nicht damit getan, Posteingänge nach Prioritäten zu sortieren und ein Zeitplanbuch zu führen. Vielmehr müssen Sie in erster Linie herausfinden, warum Sie etwas tun. Sie müssen also bewusst entscheiden, was Ihnen persönlich wert ist, getan zu werden.

Erst dann nehmen Sie Ihr Leben bewusst und eigenverantwortlich in die Hand. Die Amerikaner bezeichnen diese balancierte Lebensgestaltung als *Life-Leadership*. Mit einer klaren *Vision* werden Sie herausfinden, wohin Sie fahren, und Sie werden lernen, wie Sie Ihr Schiff gekonnt durch die Wellenberge und -täler Ihres Lebens steuern. Dabei werden Sie erkennen, dass Schnelligkeit nicht immer ausschlaggebend ist. In speziellen Situationen kann es durchaus besser sein, sich für eine langsamere Gangart zu entscheiden.

Was Sie dabei von Till Eulenspiegel lernen können

Als Till Eulenspiegel mit seinem Bündel Habseligkeiten zu Fuß zur nächsten Stadt wanderte, überholte ihn eine recht schnell fahrende Kutsche. Der Kutscher, der es sehr eilig zu haben schien, rief: „Wie weit ist es bis zur nächsten Stadt?" „Wenn Ihr langsam fahrt, eine halbe Stunde – wenn Ihr schnell fahrt, zwei Stunden, mein Herr!", antwortete Till

Eulenspiegel. „Du Narr!", schimpfte der Kutscher, griff zur Peitsche und trieb die Pferde noch heftiger an, und die Kutsche fuhr mit erhöhtem Tempo weiter. Till Eulenspiegel ging seines Weges daher. Die Straße hatte viele Schlaglöcher. Eine Stunde später fand er eine Kutsche, die offenbar mit einem Schaden im Straßengraben lag. Die Vorderachse war gebrochen und der Kutscher fluchend damit beschäftigt, diese zu reparieren. Der Kutscher blickte Till Eulenspiegel vorwurfsvoll an, worauf dieser nur anmerkte: „Ich sagte Euch doch: Wenn Ihr langsam fahrt, eine halbe Stunde…"

Nur wenn Sie sich dafür entscheiden, zu leben statt gelebt zu werden, halten Sie das Steuer auf Ihrem Lebensschiff ganz fest in der Hand.

1.2 Die Hetzkrankheit oder: Wie Sie dem Hamster-Syndrom entkommen

In der heutigen Zeit ist das Hetzen für viele Menschen ein Statussymbol. Denn Geschwindigkeit ist zum Kriterium für Leistung geworden. Wer nie Zeit hat, umgibt sich mit dem Nimbus, ungeheuer viel zu leisten. Wer seine Aufgaben im Beruf hingegen gelassen und mit einer angemessenen Portion Ruhe erledigt, läuft Gefahr, als Trödler oder Transuse abgestempelt zu werden. „Den Letzten beißen die Hunde."
Tatsache ist aber, dass sich Dinge ohne sinnlosen Zeitdruck besser und sogar schneller erledigen lassen, weil die Konzentration dann ganz einfach größer ist.
Wer mehr Zeit in die Planung steckt und die Dinge gelassen angeht, wird der Zeit-Gewinner sein.

Stellen Sie sich bewusst gegen die zur Schau gestellte Hektik. Sagen Sie Nein, wenn Dinge nur dringend, aber nicht wirklich wichtig sind. Andernfalls kann es passieren, dass Sie in Ihrem Geschwindigkeitswahn eines Tages ängstlich vor dem Spiegel überprüfen, ob Sie schon die ersten Züge eines Hamsters tragen.

Testen Sie sich

Tempo als solches ist zu befürworten, solange es nicht zum Selbstzweck wird. Das Krankhafte beginnt dort, wo die Geschwindigkeit das Zepter in die Hand nimmt. Überprüfen Sie einmal, ob Ihnen die Aussage: „Je mehr ich hetze, desto mehr gerate ich in Verzug", bekannt vorkommt. Wenn ja, ist es allerhöchste Zeit, diese zwanghafte Gangart durch eine Mischung aus verschiedenen Geschwindigkeiten zu ersetzen.

Die E-Mail-Falle und andere Zeitdiebe

Hüten Sie sich auf Ihrem Weg zu mehr Überblick und Gelassenheit vor *Zeitdieben*. Sie schleichen sich unbemerkt in unser Leben und stehlen uns täglich ein Stück mehr von unserem wertvollsten Gut. Ein geradezu paradoxes Beispiel, wie sogar modernste Erfindungen zur Zeitersparnis zu Zeitkillern werden können, ist der falsche Umgang mit *E-Mails*. Es gibt heute schon Menschen, die täglich ein Dickicht aus über hundert E-Mails durchforsten. Und die amerikanische Zeitschrift „Management Review" ließ nach einer Studie verlauten, dass viele Top-Manager täglich mindestens eine Stunde Zeit mit dem Lesen und Beantworten ihrer elektronischen Post verbringen. Manche bringen es sogar auf die Rekordzeit von mehr als drei Stunden pro Tag! Wenn E-Mails nicht gebändigt werden, entpuppen sie sich schnell als die größten Zeitdiebe. Dabei sind sie doch eigentlich dazu da, Zeit zu sparen …

Nur wenn Sie Ihre Zeitdiebe erkennen, können Sie sich zur Wehr setzen. Manche haben vielleicht bereits von Ihnen Besitz ergriffen, ohne dass Sie es registrieren.

Übung: Erkennen Sie Ihre Zeitdiebe

Nehmen Sie sich einmal fünf Minuten Zeit, und machen Sie sich die Kostbarkeit Ihrer persönlichen Zeit bewusst. Markieren Sie Ihre drei größten Zeitdiebe, und setzen Sie sich ab morgen konsequent gegen sie zur Wehr:

- ☐ **Die Unfähigkeit, »Nein!« zu sagen,** ist wohl der beliebteste Zeitfresser. Gehören Sie zu den Menschen, die niemandem etwas abschlagen können? Sie müssten ja Ihre eigenen Projekte voranbringen, aber …
- ☐ **Keine Ziele:** Sie könnten zwar sagen, was Sie zu tun haben, aber aufgeschrieben, was Sie in Ihrem Leben, im folgenden Jahr, in der nächsten Woche oder auch nur heute erreichen wollen, haben Sie nicht.
- ☐ **Fehlende Prioritäten und Tagesplanung:** Als Gedächtnisriese benötigen Sie keine schriftliche Prioritätenplanung. Warum haben Sie aber abends oft das Gefühl, zu den wirklich wichtigen Sachen nicht gekommen zu sein?
- ☐ **Telefonische Unterbrechungen:** Als freundlicher Mensch unterbrechen Sie Ihr Gegenüber am anderen Ende der Leitung nicht. Könnte es sein, dass Sie durch falsches Telefonverhalten zu viel Zeit verlieren?
- ☐ **Ablenkungen:** Der Kollege von nebenan baut gerade ein Haus, da können Sie ihn ja nicht barsch abweisen, wenn er Ihnen täglich die neueste Story von der Unverschämtheit der Handwerker erzählen möchte.
- ☐ **Langwierige überflüssige Besprechungen:** Ist ein Meeting angesagt, wissen Sie, dass der Vormittag gelaufen ist. Wie ist Ihr eigenes Meeting-Verhalten? Passen Sie sich an, oder verlangen Sie konsequent nach klaren inhaltlichen und zeitlichen Absprachen?

☐ **Der ewige Papierkram:** Quillt Ihr Schreibtisch über mit Unbearbeitetem? Wie oft wollten Sie Ihren Büro-Mount-Everest schon abbauen? Wäre es sinnvoll, Ihre Büroorganisation zu überdenken?

☐ **Unangemeldete Besucher und externe Störungen:** Haben Sie all den wichtigen Menschen, die einfach mal reinschauen, weil sie in der Nähe waren, schon einmal freundlich, aber bestimmt gesagt, dass Sie gern einen Termin vereinbaren, aber momentan an einem wichtigen Projekt sitzen?

☐ **Aufschieben unangenehmer Aufgaben:** Schieben Sie zeitintensive oder für Sie unangenehme Aufgaben vor sich her, da Sie momentan überhaupt keine Ruhe für diese Sachen finden? Fehlt es Ihnen an der Konsequenz, solche Aufgaben zu Ende zu führen?

☐ **Überperfektionismus:** Sind Sie nicht eher zufrieden, bis Sie auch das letzte Detail von einer Sache genau durchleuchtet und erfasst haben, bevor Sie sich der Aufgabe widmen? Könnte es sein, dass hier in vielen Fällen weniger entscheidend mehr bringt?

☐ **Mangelnde Konsequenz und Selbstdisziplin:** Sie versuchen doch wirklich alles, um Ihre Aufgaben fristgerecht zu erledigen? Fehlt es Ihnen aber oftmals an Selbstdisziplin, Ihre Zeitpläne auch umzusetzen?

☐ **Fehlerhafte Kommunikation:** Passiert es Ihnen relativ häufig, dass es Missverständnisse in Absprachen mit Kollegen gibt, die den Arbeitsablauf behindern oder sogar zu Reibereien führen? Geben Sie manchmal selbst Informationen nicht rechtzeitig an andere weiter? Kann es sein, dass Ihre Art zu kommunizieren nicht optimal ist?

1.3 Das Zeit-Balance-Modell verändert Ihr Leben

„Wie viele Leute auf dem Totenbett hätten sich gewünscht, mehr Zeit im Büro verbracht zu haben?"

Stephen R. Covey

Macht Sie dieser Satz nachdenklich? Haben Sie vielleicht gerade Ihre vielen Überstunden der letzten Woche verflucht, so dass Ihnen diese Frage doppelt unsinnig erscheint? Glauben Sie, dass *Stephen Covey*, der amerikanische Selbstmanagement-Papst, sich mit dieser Frage einen schlechten Scherz erlaubt hat? Prüfen Sie sich, wie viel bittere Wahrheit für Sie persönlich in dieser Frage steckt. Reißen Sie gegebenenfalls das Steuer herum. Verbringen Sie Zeit mit Menschen, die Ihnen wichtig sind – Ihren Kindern, Ihren Eltern oder dem Partner. Denn verpasste Gelegenheiten lassen sich nicht zurückholen.

Mit dem heutigen Tag beginnt der Rest Ihres Lebens. Es liegt in Ihrer Hand, so weiterzumachen wie bisher oder tatsächlich einen neuen Kurs einzuschlagen. Beschreiten Sie Ihren selbst gewählten Weg, um zu Zielen zu gelangen, die Sie selbst bestimmen.

Wie viel Zeit haben Sie noch?

Leider leben wir in einer Gesellschaft, in der es trendy ist, keine Zeit zu haben. Für manch einen ist es fast ein Statussymbol, eben keine freie Minute für Familie, Freunde, Hobbys oder gar Entspannung zu haben und bis in die späten Abendstunden zu arbeiten. Je weniger Zeit jemand hat, desto wichtiger scheint er zu sein.

Nehmen Sie einen Zollstock, und brechen Sie ihn hinter dem vierten Glied ab (82 cm). Legen Sie Ihren Daumen auf die Zahl, die Ihrem jetzigen Alter entspricht.

Heute beginnt der erste Tag vom Rest Deines Lebens

Womit werden Sie den Rest Ihres Lebens ausfüllen?

Doch wie schon *Peter Rosegger* sagte: „Zeit hat man nie, es sei denn, man nimmt sie sich." Es ist eine Frage der Prioritäten, wofür wir unsere Zeit verwenden. Denn Zeit ist kein Privileg, sondern eines der wenigen Güter, das unter uns Menschen gerecht verteilt ist. Zeit ist nicht Geld, wie manche sagen. Zeit ist sehr viel mehr wert als Geld. *Zeit ist das Leben selbst.*

Wie gehen Sie mit Ihrer Zeit um?

Erfolg und Zufriedenheit, egal ob beruflich oder privat, hängen letztlich davon ab, wofür wir unsere Zeit verwenden. Haben Sie sich schon einmal überlegt, wie viel Zeit Ihnen für berufliche und private Dinge zur Verfügung steht?

Folgende *kleine Modellrechnung* möchte Sie ein wenig nachdenklich stimmen und Sie einladen, Ihre Zeit zukünftig etwas bewusster zu gestalten:

Mein persönliches Zeitkapital

60 Jahre: Ende der momentanen
Berufsphase
– ...... heutiges Alter

= ...... x 1760 (220 Arbeitstage x 8 h) = ... h
Ihr Arbeitskapital bis zum 60. Lebensjahr

...... x 660 (220 Arbeitstage x 3 h) = ... h

+ ...... x 1160 (145 freie Tage x 8 h) = ... h

= ...... h
Ihr Freizeitkapital bis zum 60. Lebensjahr

Addieren Sie beide Werte, dann erhalten Sie Ihr persönliches Zeitkapital bis zum 60. Lebensjahr
= ...... h

⇨ Was bedeutet Zeit für Sie?
⇨ Wie gehen Sie mit Ihrer Zeit um?
⇨ Wie viel Zeit haben Sie noch?
⇨ Haben Sie genügend Zeit für sich?

Entscheiden Sie selbst, welche Zeit-Relationen Sie für Ihr Leben wählen möchten!

Zeit-Balance statt Zeit-Brisanz

„Dafür habe ich im Moment leider keine Zeit, aber wenn ich erst …, dann …" Streichen Sie diese Pseudo-Entschuldigung sofort aus Ihrem Wortschatz. Sie ist nichts als eine Lebenslüge, denn in Wirklichkeit hat doch jeder von uns alle Zeit, die es gibt. Wer keine Zeit für etwas hat, findet andere Dinge ganz einfach wichtiger.

Das Zeit-Balance-Modell: Vier Lebensbereiche

Unser Leben ist in vier grundlegende Bereiche aufgeteilt, die alle ihren Anspruch bei uns anmelden (Peseschkian/Seiwert, in Zusammenarbeit mit der Wiesbadener Akademie für Psychotherapie, www.wiap.de):

- ➪ *Leistung und Beruf,*
- ➪ *Familie und Kontakte,*
- ➪ *Körper und Gesundheit und*
- ➪ *Sinn und Werte.*

Und nur ein ausgewogenes Verhältnis, in dem alle Bereiche sinnvoll Beachtung finden, führt zu langfristigem Erfolg und Lebensglück. In unserem Kulturkreis wird

die Sinnfrage oft vernachlässigt, die Leistung hingegen überbetont. Allzu gern wird vergessen, dass die Lebensgebiete in gegenseitiger Abhängigkeit zueinander stehen. Wer einen Bereich chronisch überbetont, muss die anderen, ebenso wichtigen, zwangsläufig vernachlässigen. Nun beginnt das Ringen. Bei überbetontem Engagement im Beruf bleiben soziale Kontakte und oft sogar die Gesundheit auf der Strecke.

Fehlt dann auch noch eine Sinnorientierung, streben Selbstmotivation und Leistungsfähigkeit irgendwann zwangsläufig gegen null („Burn-out-Syndrom").

Eine ausgewogene Zeit-Balance berücksichtigt die Bereiche Arbeit, Körper, Familie und Sinn. Vernachlässigen Sie keinen dieser vier Bereiche.

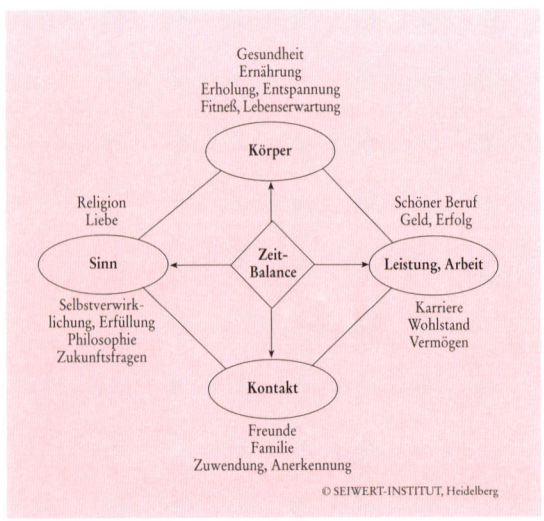

Ihr neues Zeitalter der Planung
Starten Sie gleich heute mit einer neuen Art der Planung. Planen Sie Ihre Aktivitäten gleichrangig. Das heißt nicht, dass Sie auch für jeden Lebensbereich gleich viel Zeit investieren sollten. Es ist völlig klar, dass die meisten Menschen zwischen 25 und 60 Jahren den Focus auf die Leistung und die

Finanzen legen – um den Lebensunterhalt zu sichern, an der eigenen finanziellen Freiheit zu arbeiten, um sich selbst zu verwirklichen…

Verleihen Sie Ihren sportlichen Betätigungen, Geselligkeiten, kulturellen Bedürfnissen und Ihrer Persönlichkeitsentwicklung einen ebenso wichtigen Stellenwert wie Ihrem Beruf. Geben Sie den Startschuss zu einer *gesunden Lebens-Balance*. Dabei lässt sich das Balance-Modell natürlich nicht rechnerisch lösen, indem Sie jedem der vier Bereiche 25 Prozent Ihrer Zeit zugestehen. Auch wenn ein solches Verhältnis manch einem Zeitgenossen erstrebenswert erscheinen mag!

Es geht vielmehr um die Qualität, die Sie aus Ihrem Zeiteinsatz gewinnen. Eine glückliche Stunde mit dem Partner und den Kindern, ein mitreißendes Konzert oder ein Wellness-Wochenende kann viele Stunden harter Arbeit ausgleichen.

Stellen Sie sich vor, Sie hätten keinerlei finanzielle, ausbildungsmäßige, beziehungsmäßige oder andere Beschränkungen. Was würden Sie in den einzelnen Lebensbereichen mit Ihrem Leben anfangen?

Übung: Persönliche Lebens-Balance

Nehmen wir einmal an, die Summe aller vier Lebensbereiche betrage 100 Prozent. Versetzen Sie sich jetzt gedanklich in Ihre derzeitige Lebenssituation, d. h., betrachten Sie nicht die Wunsch-, sondern die tatsächliche Ist-Situation:

▷ Wie viel Prozent Ihrer aktiven Zeit, Ihrer Energie und Priorität widmen Sie jedem dieser Bereiche?

▷ Welche Menschen sind Ihnen für den jeweiligen Lebensbereich wichtig? Notieren Sie die Namen.

▷ Welche drei Hauptziele haben Sie derzeit für jeden Lebensbereich?

▷ Welchen Traum möchten Sie sich in jedem Bereich erfüllen?

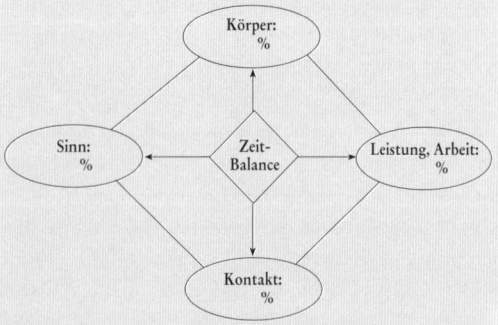

Teilen Sie die 100 Prozent möglichst spontan auf die vier Lebensbereiche auf, und schreiben Sie die wichtigen Menschen und Ziele schnell dazu. Je länger Sie überlegen, desto unwirklicher wird das Ergebnis!

1.5 Leben Sie Ihr Leben jetzt…

… ein Später ist die reine Zeitverschwendung. „Wenn ich erst einmal pensioniert bin, dann …" Falls Sie auch zu den Menschen gehören, die sich Dinge, die ihnen Freude machen oder sinnvoll erscheinen, für das „Leben danach" aufheben, wird es höchste Zeit, sich von dieser Einstellung zu verabschieden. Karriere- und Einkommensdenken sind in Ordnung, aber die Zeit für andere Aktivitäten darf auf keinen Fall zu kurz kommen. Denken Sie an *Joschka Fischer*. Trotz seines straffen beruflichen Terminkalenders hat er das Balance-Prinzip erkannt und weiß, wie wichtig seine Gesundheit für seinen beruflichen Erfolg ist. Er setzt heute die richtigen Prioritäten.

Wer es schafft, mit seiner Zeit souverän umzugehen, kann sein gesamtes Leben nach seinen eigenen Bedürfnissen und Zielvorstellungen leben – und dann „erlebt" er auch seine Wünsche.

Übung: Ihr glücklicher Tag

Der amerikanische Bestsellerautor Richard Koch empfiehlt, sich tägliche Glücksgewohnheiten zu schaffen.

1. Schritt: Erkennen Sie Ihre Schlangengruben

Die Unannehmlichkeiten, die uns den Alltag verderben, sind von Mensch zu Mensch sehr unterschiedlich. Für den einen ist bereits der Tag „gelaufen", wenn er morgens in der überfüllten S-Bahn sitzt, den anderen macht es wahnsinnig, mit sieben Kollegen im Großraumbüro zu arbeiten.

Listen Sie auf, welche Situationen, Menschen oder Bedingungen Ihnen in Ihrem Alltag den meisten Stress verursachen.

2. Schritt: Erkennen Sie, was Sie glücklich macht

Überlegen Sie, in welchen Situationen Sie am glücklichsten sind. Welche Dinge tun Sie dann, mit welchen Menschen sind Sie zusammen? Listen Sie sieben dieser positiven Situationen auf.

Es liegt allein bei Ihnen, welche Situationen Sie in Ihrem Alltag zulassen. Niemand zwingt Sie, in der überfüllten S-Bahn zu sitzen. Suchen Sie sich eine Fahrgemeinschaft. Wenn Ihr Unternehmen Ihre Arbeit schätzt, dann ist vielleicht die Arbeit im Home-Office die Alternative zum Großraumbüro.

3. Schritt: Entscheiden Sie sich dafür, Ihr Leben so zu gestalten, dass Sie sich darin wohl fühlen. Beginnen Sie heute damit!

Dies ist umso wichtiger, als es die klassische Pensionierung oder das Altenteil heute gar nicht mehr gibt. War man früher der Auffassung, das Erwachsensein beginne mit 21 und ende mit 65, spricht man heute über zwei Erwachsenenalter. Der Amerikanerin *Gail Sheehy* zufolge beginnt das *zweite Erwachsenenalter* mit 45 und dauert bis 85 oder gar länger. Die Unterscheidung zwischen aktivem Leben und Ruhestand ist damit hoffnungslos überholt. Heute haben wir es mit einer Generation von „jungen Alten" zu tun, die mit 65 Jahren ein Studium beginnen, ihre beruflichen Erfahrungen nutzen, um eine zweite Karriere zu starten, mit 80 am Marathon teilnehmen oder mit einem neuen Lebensabschnittspartner zusammenziehen.

Eine Umverteilung der erwerbstätigen und freizeitorientierten Zeitphasen ist daher empfehlenswert. Denken Sie um, und orientieren Sie Ihre *Lebensplanung* auf eine längere Phase. Sie werden keine Zeit haben, Ihre heutigen Wünsche morgen zu leben, denn Sie werden neue für sich entdecken. Genießen Sie es, in einer Zeit zu leben, in der es uns dank medizinischen Fortschritts und Wohlstands erlaubt ist, ein langes Leben zu führen – füllen Sie es nach Ihren Bedürfnissen aus, jeden Tag und jede Stunde.

Leben Sie Ihr Leben jetzt. Planen Sie mit dem Zeit-Balance-Modell Zeit für jeden Lebensbereich, und lassen Sie Ihr Lebensrad rund laufen. Ihr Wohlgefühl und Ihre Gesundheit werden sich entscheidend verbessern, und Sie werden die Energie haben, die Sie benötigen, um all Ihre Aufgaben zu bewältigen.

2. Finden Sie Ihre Lebensvision

Wie sieht Ihr Lebensziel aus?

Welche Werte stehen hinter Ihrem Tun?

Kennen Sie den Weg zu Ihrem größten Ziel?

Willst du ein Schiff bauen, dann rufe nicht die Menschen zusammen, um Pläne zu machen, Arbeit zu verteilen und Holz zu schlagen …, sondern lehre sie die Sehnsucht nach dem weiten endlosen Meer. Dann bauen sie das Schiff von alleine."

Antoine de Saint-Exupéry

Haben Sie eine *Lebensvision*, oder gehören Sie zu den „wunschlos glücklichen" Zeitgenossen, die ihr Dasein eher dem *Zufall* überlassen? Die meisten Menschen glauben ja, dass sie ihre Zukunft sowieso nicht beeinflussen können. Wozu also sich Gedanken machen? Es kommt sowieso, wie es kommen muss … Wer in den Tag hineinlebt, wird nur die Früchte ernten, die er zufällig gesät hat.

2.1 Bestimmen Sie die Richtung Ihres Wegs

Doch Sinn und Richtung erhält das Leben erst dann, wenn Sie eine klare Vision, ein berufliches und persönliches Leitbild – ein *Lebensziel* – entwickeln. Die Amerikaner sprechen hier von der *„Big Idea"*, der Idee, aus seinem Leben etwas Großes zu machen.

Eine solche Idee hatte *Wernher von Braun*, als er im Alter von 12 Jahren davon träumte, mit einer Rakete zum Mond zu fliegen. In den 30er Jahren klang diese Idee verrückt und fern jeder Realität. Und es war ganz gewiss kein Zufall, dass Wernher von Braun 50 Jahre später NASA-Direktor wurde. Genauso glücklich kann sich aber auch die junge Frau schätzen, deren Lebensvision es schon mit 18 war, eine große Familie zu haben, und die mit 45 ihre eigenen Enkel heranwachsen sehen konnte. Die „Big Idea" muss nicht bedeuten, eine bleibende Spur im öffentlichen Leben zu hinterlassen. Sie ist auch dann groß und bedeutend, wenn Sie allein davon profitieren.

Alle wissenschaftlichen Untersuchungen zum Thema *„Zielfindung und Lebensvision"* belegen, dass Menschen mit klaren Visionen erfolgreicher werden als andere. So zeigt eine Langzeitstudie der Harvard-Universität über den Werdegang ihrer Studienabgänger, dass sich Lebensziele im späteren Beruf bezahlt machen. Diejenigen, die eine „Big Idea" hatten, verdienten im Schnitt später dreimal so viel wie ihre Kommilitonen ohne Zielsetzung. Drei Prozent der Befragten verdienten sogar zehnmal so viel.

 Nur wer weiß, was er erreichen möchte, kann auch dort hingelangen. Denken Sie über Ihre Lebensvision nach.

2.2 Ihre Werte sind die Bausteine Ihrer Lebensvision

„Achtzig Prozent unserer Motivation entspringen dem Warum, nur zwanzig Prozent dem Was und Wie." **Charles Garfield**

Diese Erkenntnis eines der weltweit führenden Motivationspsychologen sagt aus, dass unser *Wertesystem*, unsere Gründe, so zu handeln, wie wir es tun, weit mehr in uns bewirken als unsere Ziele selbst. Hier liegt auch die Erklärung, warum sich sehr viele Menschen zwar immer wieder Ziele setzen, diese dann aus den Augen verlieren, und warum es so schwer ist, die eigene Lebensvision zu erkennen. Ohne Klarheit über die Werte, die hinter Ihren Zielen stehen, sind die Ziele reine Worthülsen. Nur wenn Sie Ihre Werte kennen, werden Sie Ziele formulieren, von denen Sie wirklich beseelt sind. Äußere Zwänge haben dann keinerlei Chance. Im Folgenden biete ich Ihnen einige Übungen an, die Ihnen helfen werden, Ihre *Vision zu finden*.

Kennen Sie Ihre Werte?

Diese beispielhafte Auflistung unterschiedlicher Werte möchte Ihnen eine Idee geben, woraus sich Ihr Glaubenssystem zusammensetzen könnte:

- beruflicher Erfolg,
- religiöse Überzeugungen,
- Offenheit,
- persönliche Freiheit,
- Erfolg und Leistung,
- Gewinner sein,
- glückliche Familie,
- Kinder auf das Leben vorbereiten,
- ordentliches Zuhause,
- soziales Engagement,
- großer Freundeskreis,
- finanzielle Freiheit,
- Selbstzufriedenheit,
- politisches Interesse,
- Seelenfrieden,
- Glaubwürdigkeit,
- harmonische Partnerschaft,
- etwas Sinnvolles tun
- kreativ sein,
- Bedürftigen dienen,
- Gesundheit ausstrahlen,
- ein Führer sein
- ein guter Zuhörer sein,
- intellektuelles Wachstum,
- Aufrichtigkeit,
- Toleranz,
- künstlerisch wirken,
- guter Teamplayer,
- gute/r Mutter/Vater sein,
- eine Entdeckung machen.

Die eigene Lebensaufgabe zu finden ist eine der schwierigsten Herausforderungen in unserem Dasein. Deshalb kann ich Ihnen hier nur einige wenige Ideen dazu vermitteln. Wichtig bei diesen *Übungen* ist, dass Sie sich tatsächlich darauf einlassen. Nur dann können Ihnen diese Denkanstöße von Nutzen sein.

- Reservieren Sie sich für jede Übung *ausreichend Zeit*.
- Prüfen Sie, ob die Ergebnisse der Übungen mit Ihren *momentanen Zielen* konform gehen. Daran erkennen Sie, ob Ihre Ziele tatsächlich Ihrer inneren Überzeugung entsprechen.
- Und nur, wenn Sie Ihre *Lebensvision schriftlich fixieren*, kann sie sich fest verankern und Ihr Unterbewusstsein zum Teamplayer machen, der Ihnen dabei hilft, Ihre Ziele zu erreichen.

Erfahrungsgemäß ist es so, dass Sie als Resultat dieser Beschäftigungen konkrete Ziele für jeden Ihrer wichtigen Lebensbereiche finden werden.

(weiter Seite 35)

2.3   Übungen zur Lebensvision

Das Zeit-Balance-Modell zeigt Ihre Werte auf
Wählen Sie zu jedem Lebensbereich eine Priorität
(„Was") und notieren Sie den für Sie dahinter ste-
henden Wert („Warum") dazu (vgl. Übung S. 22):

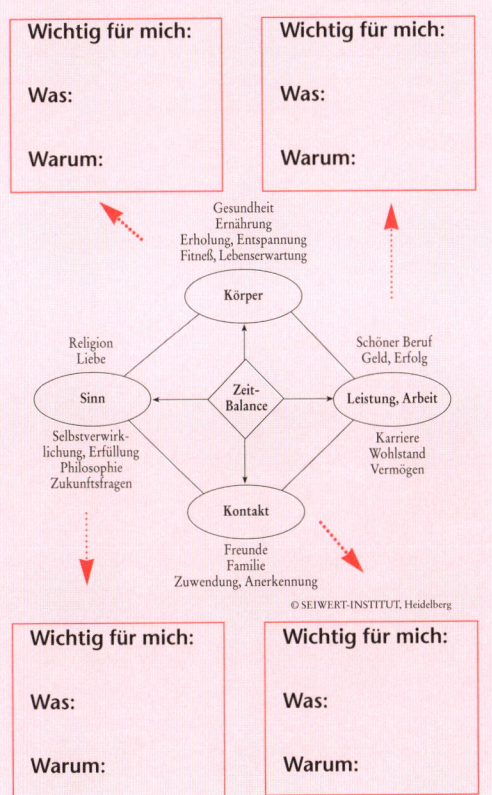

Wichtig für mich:

Was:

Warum:

Wichtig für mich:

Was:

Warum:

Gesundheit
Ernährung
Erholung, Entspannung
Fitneß, Lebenserwartung

Religion
Liebe

Körper

Zeit-
Balance

Sinn

Leistung, Arbeit

Schöner Beruf
Geld, Erfolg

Selbstverwirk-
lichung, Erfüllung
Philosophie
Zukunftsfragen

Kontakt

Karriere
Wohlstand
Vermögen

Freunde
Familie
Zuwendung, Anerkennung

© SEIWERT-INSTITUT, Heidelberg

Wichtig für mich:

Was:

Warum:

Wichtig für mich:

Was:

Warum:

Makaber, aber nützlich: Meine Grabrede

Eine Lebensvision lässt sich nicht allein auf Werte, wie finanzielle Unabhängigkeit und beruflichen Erfolg, stützen. Folgende Übung, entwickelt von amerikanischen Motivationsexperten, kann Ihnen helfen, Ihre *wahren Glaubenssätze* zu erkennen. Stellen Sie sich vor, Sie sind heute in fünf Jahren auf einer Beerdigung. Sie haben die Kirche als einer der letzten Gäste betreten und schauen sich jetzt erst einmal um. Vor sich sehen Sie Ihre Familie, Ihre Freunde, Ihre Arbeitskollegen... Plötzlich wird Ihnen bewusst, dass Sie sich auf Ihrer eigenen Beerdigung befinden. Innerlich sehr aufgewühlt, schwankend zwischen Interesse und Befremden, nehmen Sie das vor Ihnen liegende Programm zur Hand und stellen fest: Es wird drei Reden geben:

1. ein Familien-
   angehöriger
2. ein Arbeits-
   kollege
3. ein Freund

Fragen Sie sich: Was möchte ich, dass diese Menschen am Ende meines Lebens berechtigterweise über mich sagen? Formulieren Sie die Reden schriftlich.

Mit dieser Übung haben Sie die Chance, tiefe Einsichten über sich selbst zu erlangen. Auch wenn Sie darin nur positive Aspekte Ihres Lebens erwähnen, wissen Sie allein, ob die Worte der momentanen Wahrheit entsprechen oder nicht.

Viel erreicht:
„Heute in 5 Jahren"
Verschaffen Sie sich Klarheit über Ihre *Vision für die nächsten fünf Jahre.*
Wenn Sie mit diesem relativ gut überschaubaren Zeitraum beginnen und sich verdeutlichen, wie viel Sie in nur fünf Jahren erreichen können, wer-

den Sie ein besseres Gefühl dafür bekommen, was Sie mit Ihrem Leben anfangen möchten.

▷ Lehnen Sie sich relaxt zurück, schließen Sie Ihre Augen, und stellen Sie sich einfach vor, dass Sie in die Zukunft „gebeamt" werden.

▷ Denken Sie fünf Jahre weiter, gerechnet von heute an: Welches Datum schreiben wir? Was wird sich „HEUTE in 5 Jahren" alles verändert haben?

▷ Entwerfen Sie Ihre 5-Jahres-Vision unbedingt schriftlich.

▷ Kleine Hilfe: Damit Sie eine Vorstellung davon bekommen, wie viel Sie in nur fünf Jahren erreichen können, rufen Sie sich jetzt kurz ins Gedächtnis, wo Sie fünf Jahre zuvor standen und was Sie bis dato alles erreicht haben.

Wichtig ist, dass Sie sich von heutigen Einschränkungen und Hindernissen frei machen und kühn Ihre Träume auf dem Papier verwirklichen. Reservieren Sie sich in den folgenden vier Wochen jeweils zehn Minuten pro Tag, in denen Sie über Ihre 5-Jahres-Vision nachdenken.

Beispiele: So schreiben Sie Ihr Lebensdrehbuch

☒ Lebensbereich Kontakt

„Ich habe mit meiner Frau eine glückliche Beziehung, die auf Liebe, Vertrauen und gegenseitigem Respekt beruht. Unsere Kinder empfinden Ihre Eltern als Beschützer und Helfer, aber auch als Freunde und Spielgefährten. In unserem Freundeskreis sind wir regelmäßig in einer kleinen Gruppe von Menschen eingebunden, die wie wir ein Interesse an echten Beziehungen und nicht nur oberflächlichen Bekanntschaften haben."

☒ Lebensbereich Leistung

„Gemeinsam mit meiner Frau betreibe ich eine gut gehende Unternehmensberatung, in der wir eine klare Rollenverteilung haben, während ich die kaufmännische Beratung leiste, arbeitet meine Frau in den Bereichen Mitarbeiterführung und Motivation. Unsere Kunden kommen gerne zu uns, da sie das Gefühl von Vertrauen und Kompetenz bei uns haben. Durch dieses Zusammenspiel von beruflichen und privaten Gemeinsamkeiten führe ich ein harmonisches und unabhängiges Leben, das mich erfüllt."

Schreiben Sie Ihre Lebensvision als *bereits realisierten Wunschzustand* auf. Vermeiden Sie Konjunktive, denn Wörter wie „hätte" oder „könnte" nehmen Ihrem Unterbewusstsein den Glauben an die Umsetzungsfähigkeit Ihrer Ziele. Haben Sie keine Idee, wie Sie anfangen sollen? Fangen Sie einfach an mit: „Ich bin ein/eine..." und legen Sie ohne Punkt und Komma los.

Umsetzung Ihrer Vision

Um Ihre neuen Ziele zu erreichen, müssen Sie Ihre Komfortzonen verlassen.

Ein Tipp dazu: Sie wissen, dass sich ein Gefühl der inneren Ausgewogenheit einstellt, wenn all Ihre Lebensbereiche in Balance sind. Wird ein Bereich vernachlässigt, leiden die anderen. Genauso verhält es sich auch umgekehrt: Konzentrieren Sie sich auf einen Bereich ganz besonders, hat das Wohlgefühl, das Sie dort empfinden, positive Wirkung auf die anderen Bereiche: Fühlen Sie sich in Ihrem Körper wohl, weil Sie regelmäßig Sport treiben und sich gesund ernähren, werden Sie die Kraft und Energie aufbringen, auch ein berufliches Ziel erfolgreich anzugehen, oder die Ruhe und Gelassenheit besitzen, an einer problematischen Beziehung zu arbeiten.

Erst wenn Sie felsenfest von Ihrem Leitbild überzeugt sind, werden Sie auch über die notwendigen Energien verfügen, Ihr tägliches Handeln auf Ihre ureigensten Ziele zu konzentrieren. Sie programmieren sich dann in Richtung eines erfüllten Lebens, das Stephen R. Covey mit den vier L's umschreibt: „To live, to love, to learn and to leave a legacy" – zu leben, zu lieben, zu lernen und ein Vermächtnis zu hinterlassen.

3. Das 7-Hüte-System für mehr Zeit- und Lebenserfolg

Welche Rollen spielen Sie in Ihrem Lebensfilm?   *Seite 39*

Wissen Sie, warum Sie mit weniger viel mehr erreichen?   *Seite 42*

Kennen Sie das Geheimnis des Loslassen-Könnens?   *Seite 43*

Sind Sie ein Hut-Fetischist? Wenn Sie mehr als zehn Lebenshüte tragen, d.h. in Ihrem Leben mehr als zehn Rollen bekleiden, heißt die Antwort ganz klar: Ja.

Doch Hut-Fetischisten haben auch nur einen Kopf, und wird der zu voll gepackt, dann beginnt er zu schmerzen. Lassen Sie ganz schnell los, legen Sie alle Nebenrollen ab, die nicht wirklich zur Erreichung Ihrer Ziele beitragen. Wenn Sie überall und nirgends mitmischen wollen, werden Sie niemals aufhören, durchs Leben zu hetzen, und enorme Schwierigkeiten mit der Zeit haben. Das bedeutet, dass Sie den *wirklich wichtigen Dingen* in Ihrem Leben gar nicht genug Raum geben können. Sie werden auf dem Parkett des Lebens nirgends eine Charakterrolle spielen und in vielen Bereichen nur Komparse sein.

Die wirklichen Zeitprobleme im Leben entstehen, wenn wir zu viele Hüte gleichzeitig auf dem Kopf haben.

3.1 Unsere täglichen Rollenspiele

Sowohl in Ihrem Berufs- wie auch Privatleben tragen Sie verschiedene *Hüte*. Sie füllen allerlei *Rollen* aus, in denen Sie Verantwortung übernehmen. So sind Sie in Ihrem Beruf zum Beispiel Führungskraft, strategischer Vordenker, Mitarbeiter, Kollege und Projektleiter. Und in Ihrem Privatleben? Dort sind Sie vielleicht Ehe- oder Lebenspartner, Vater oder Mutter, Sohn oder Tochter, Freund/Freundin, Vorstand Ihres Sportvereins, Vermieter und Nachbar. Zu viele Anforderungen können Sie beim besten Willen nicht erfüllen.

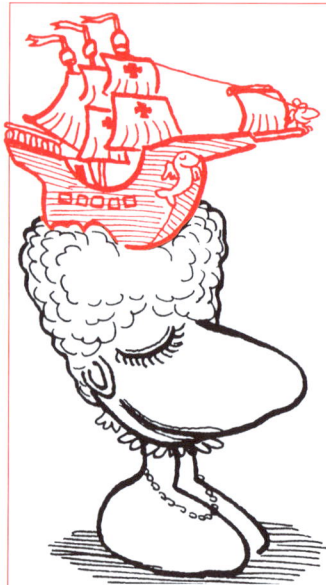

Muss es dieser Posten wirklich noch sein? Warum treffen Sie sich seit Jahren regelmäßig mit diesem Kollegen, obwohl Sie sein ewiges Klagen seit langem leid sind? Überprüfen Sie Ihre Lebenshüte, und trennen Sie sich von den Modellen, die nicht 100-prozentig zu Ihnen passen.

3.2. Ihre Alternative: Motten Sie einige Lebenshüte ein

Der einzige Ausweg besteht darin, die Anzahl Ihrer *Lebenshüte zu reduzieren*. Wahrscheinlich kommen Sie bei diesem Gedanken in Bedrängnis, weil Ihnen doch jeder einzelne Hut so unsagbar wichtig scheint. Können Sie sich gar nicht vorstellen, Ihr Pöstchen im Sportclub sausen zu lassen? Ein Schuljahr nicht für die Elternvertretung zu kandidieren oder am kommenden Wochenende auf den Bürgerstammtisch zu verzichten?

Übung: Meine momentanen Lebenshüte

Um Klarheit zu gewinnen, wie viele Rollen Sie tatsächlich spielen und welche wirklich wichtig für Sie sind, schreiben Sie einmal alle Ihre Lebenshüte auf und bewerten Sie diese mit Smileys.

Lebensbereich: Körper/Gesundheit

Lebensbereich: Leistung/Finanzen

Lebensbereich: Beziehung/Partnerschaft

Lebensbereich: Sinn/Werte

Wie wäre es stattdessen damit, einmal die Seele baumeln zu lassen oder sich einen ganz entspannten Nachmittag bei einer Radtour mit den Kindern zu gönnen?

 Es gibt ohne Zweifel festgeschriebene Rollen, die wir auf keinen Fall ablegen können, wie zum Beispiel die Eltern- oder Führungsrolle. Doch wenn wir ehrlich zu uns selbst sind, müssen wir zugeben, dass es auch Rollen gibt, in denen wir nur Komparsen sind oder die uns unbemerkt übergestülpt wurden. Davon müssen wir uns trennen, wenn wir mehr Zeit für uns gewinnen und unsere Leistung in einem Bereich verbessern wollen.

3.3 Konzentrieren Sie sich auf Ihre Hauptrollen

„Nur wer loslässt, hat zwei Hände frei."

Chinesisches Sprichwort

Wollen Sie ein erfüllteres, ausgewogeneres und erfolgreicheres Leben führen, dann müssen Sie einige berufliche und private Lebenshüte absetzen. Nehmen Sie Ihre Lebensrollen noch einmal genau unter die Lupe (Seite 39). Verabschieden Sie sich von ungeliebten oder unwichtigen Rollen, die nur Zeit kosten und Sie nicht wirklich weiterbringen.

Reduzieren Sie Ihre Lebenshüte auf sieben
Es ist die Macht der Gewohnheit, die es uns so schwer macht, uns von lang ausgeübten Nebenrollen zu trennen. Wir meinen, es ginge nicht ohne uns.

Die sieben Hauptrollen in meinem Leben

In der Übung auf Seite 39 haben Sie Bilanz gezogen. Jetzt heißt es, Prioritäten zu setzen. Tragen Sie die für Sie wichtigsten sieben Lebenshüte in die Grafik ein.

Fragen Sie sich für Ihre Entscheidung:

➪ Was würde passieren, wenn ich diese Rolle nicht mehr innehätte?

➪ Habe ich mir diesen Hut selbst ausgesucht, oder wer hat ihn mir verpasst?

➪ Was sind die sieben Hauptrollen in meinem Leben?

Konzentration auf das Wesentliche ist das Geheimnis entspannter Lebensführung.

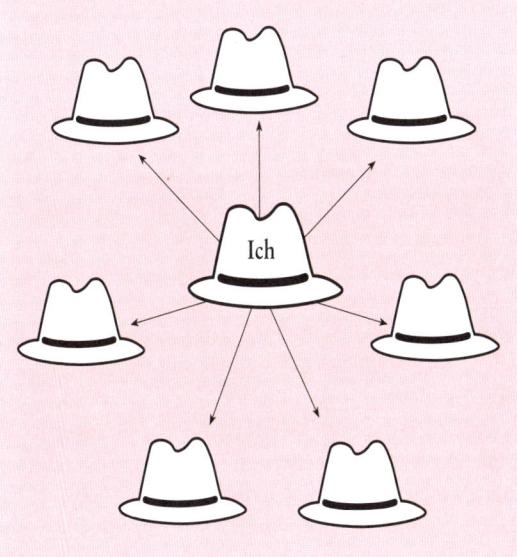

Wie Packesel laden wir uns Woche für Woche, Monat für Monat und Jahr für Jahr immer mehr auf unseren Buckel. Über so manchen Hut denken wir gar nicht mehr nach. Er wird halt auch noch aufgesetzt, egal, ob er uns steht, ob er zu unserem Typ passt oder ob er unser Lebensgefühl tatsächlich widerspiegelt. In regelmäßigen Abständen das Hutregal zu lichten, kann in den Bereichen, die Ihnen wirklich am Herzen liegen, wahre Wunder bewirken.

Sie allein haben die Verantwortung für das, was Sie sich auf den Kopf setzen

Wenn Sie einmal überlegen, wie viel Zeit Sie durch den Verzicht auf Unwesentliches oder sogar Unangenehmes gewinnen können, dürfte dies Ansporn genug für eine Inventur sein. Viele Menschen übernehmen Rollen, die Ihnen überhaupt keinen Spaß machen, weil sie es für ihre Pflicht halten: Sie pflegen Kontakte mit Menschen, die sie eigentlich lieber von hinten sehen würden, sie übernehmen Funktionen, für die sie keine Leidenschaft entwickeln, sie investieren Zeit und Geld in Dinge, die für sie nicht wichtig sind.

Sie lassen sich von anderen leben, ohne ernsthaft darüber nachzudenken, das Steuer selbst zu übernehmen. Sollten Sie also bei der Suche nach Ihren sieben Hauptrollen zu dem Schluss gekommen sein, dass Sie in manchen Bereichen „von anderen gelebt werden", dann akzeptieren Sie diese äußeren Barrieren von außen nicht länger. Sie können die meisten Dinge ändern, wenn Sie nur konsequent genug nach einer neuen Lösung suchen. Dazu müssen Sie einerseits bereit sein, Ihre eigene Komfortzone zu verlassen, und auf der anderen Seite müssen

Sie sich von der „manchmal bequemen und oft sogar lie-
bevoll gemeinten" Bevormundung durch andere voll-
ständig lösen. Es ist ganz allein Ihr Leben und Ihre Zeit.
Machen Sie es wie die Ballonfahrer: Wer weiter nach
oben will, muss ganz einfach Ballast abwerfen.

*Nach dem Modell der Lebens-Balance gibt es vier
entscheidende Lebensbereiche, auf deren ausgewo-
genen Ausbau wir uns konzentrieren sollten –
Beziehungen, Leistung, Körper, Sinn.*

- *In all diesen Bereichen spielen wir die unter-
  schiedlichsten Rollen, haben also unterschiedliche
  Lebenshüte.*
- *Streben Sie an, insgesamt nicht mehr als
  7 Schlüsselhüte auf dem Kopf zu tragen – diese
  können Sie optimal ausfüllen.*
- *Selektieren Sie konsequent nach dem Motto:
  „Nur wer loslässt, hat zwei Hände frei."*

4. Die Macht der Prioritäten

Wissen Sie, warum das Wichtige immer vor dem Dringenden stehen sollte?
Seite 47

Kennen Sie die grenzenlose Freiheit der eigenen Entscheidung?
Seite 50

Wie schaffen Sie es, sich auf Ihre wahren Stärken zu konzentrieren?
Seite 52

Ich hoffe, Sie sind inzwischen Ihrer *Lebensvision*, den Dingen, die für Sie persönlich die größte Rolle spielen, etwas näher gekommen.

Nehmen Sie sich für folgende kleine Übung fünf Minuten Zeit, um zu sehen, inwieweit Sie dieses Know-how schon in Ihrem Alltag umsetzen:

Übung: Selbst- oder Fremdbestimmt

Nehmen Sie sich ein A4-Blatt zur Hand. Teilen Sie es in zwei Hälften.

⇥ Schreiben Sie links spontan die zehn Dinge in Ihrem Leben auf, die Ihnen am wichtigsten sind.

⇥ Notieren Sie auf der rechten Hälfte zehn Dinge, mit denen Sie in den letzten vier Wochen tatsächlich Ihre Zeit verbracht haben.

⇥ Markieren Sie nun auf Ihrer rechten Realitätsliste, welche der Dinge Sie nicht aus eigener Wahl getan haben.

Inwieweit stimmen Ihre beiden Listen überein? Sie setzten in Ihrem Leben die *Prioritäten*. Entscheiden Sie sich dafür, Ihre eigenen Vorstellungen höher zu bewerten als die Erwartungen der anderen.

4.1 Der Pizza-Taxi-Effekt: Wie Sie dem Dringlichkeitswahn entkommen

Hatten Sie schon mal Heißhunger auf eine Pizza, das Wasser lief Ihnen im Mund zusammen, und Sie eilten zum Telefon? Gaben Ihre Bestellung auf und sagten zu

Ihrem Telefonpartner vom Pizza-Taxi: „Bitte bringen Sie die Pizza S O F O R T."?

Wenn Sie dieses unbeschreibliche, erwartungsvolle Gefühl kennen, wissen Sie, was *Dringlichkeit* bedeutet. Wer sich emotional für etwas entschieden hat, hat absolut keine Lust, erst noch zu warten, bis sein Wunsch erfüllt wird. Er will es sofort, am liebsten vorgestern.

Eine Gesellschaft im Dringlichkeitswahn

Leider herrscht in unserer Gesellschaft der Dringlichkeitswahn. Vergleichbar der Pizza-Taxi-Manier ergeht es vielen Menschen in ihrem Arbeitsalltag.

Jemand möchte einen Termin mit Ihnen vereinbaren. Für wann? Natürlich *sofort*. Ein Geschäftspartner hat eine Anfrage. Nein, bis morgen kann er unter keinen

Umständen warten. Bitte kümmern Sie sich *sofort* darum.

Wie geht es Ihnen selbst? Am schönsten ist es doch immer, wenn man sofort einen Haken machen kann.

Wenn Sie Ihren Alltag Revue passieren lassen, sehen Sie: Was dringend ist, bestimmen leider in den meisten Fällen die anderen. Oder Sie selbst bestimmen für die anderen. Beugen Sie sich diesem Diktat nicht länger. Denn genau hier liegt die entscheidende Ursache für fehlende Selbstmotivation und mangelnde Resultate – für das leere Gefühl am Abend, dass man zwar viel gearbeitet, aber wenig geleistet hat.

Dringend oder wichtig?

Wer Dringendes mit Wichtigem verwechselt, kommt seiner Lebensvision kein Stück näher. Wie oft sind wir den ganzen Tag nur damit beschäftigt, tausend dringende Dinge zu erledigen, die andere von uns fordern? Doch auch wenn wir es schaffen sollten, all diesen obereiligen Anfragen nachzukommen, heißt das noch lange nicht, dass unser Tun auch an Gewichtigkeit gewonnen hat. Es ist ein Kampf von Quantität gegen die Qualität, der sich letzlich nur als Dieb unserer kostbaren Zeit entpuppt, die wir besser für *strategisch Wichtiges* nutzen sollten.

Pro-aktives Prioritätenmanagement

Ganz sicher wollen die meisten Menschen diesem Hamsterrad der Dringlichkeit entkommen. Sie setzen sich klare Ziele, denken über ihre *Lebensvision* nach und haben die besten Vorsätze, ihr Leben in die eigene Hand zu nehmen und zu ändern.

Doch da ist noch die Sache mit unserem inneren Schweinehund. Jeder Mensch ist in seinen Gewohnheiten gefangen, es kostet Anstrengung, sie – egal ob positiv oder negativ – zu ändern. Die Experten nennen das *Komfortzone*: Wir möchten ja gerne, aber… Gründe fallen uns immer genügend ein, warum wir die eine oder andere Sache noch nicht angegangen sind: „Ich würde mich ja gesund ernähren, aber die vielen Dienstreisen und Geschäftsessen …“, „Natürlich würde ich gern einmal im Monat mit meinem Partner ins Theater gehen, aber …“, „Ich möchte endlich die Tätigkeit xyz ausüben, aber eigentlich geht es mir auf der jetzigen Stelle ja gut – es macht mir zwar keinen Spaß, aber der Verdienst stimmt, und der Job ist sicher.“

Viele glauben ganz einfach, von ihren Umweltbedingungen abhängig zu sein. Meinen wir, wir hätten Übergewicht, weil in unserer Familie von jeher alle Übergewicht hatten, werden wir alles tun, es zu halten. Man nennt dieses Phänomen eine *„sich selbst erfüllende Prophezeihung“*. Wir werden nicht ernsthaft an einer Ernährungsumstellung arbeiten, sondern nach 14 Tagen aufgeben, weil es „ja doch keinen Zweck hat, sich so anzustrengen.“

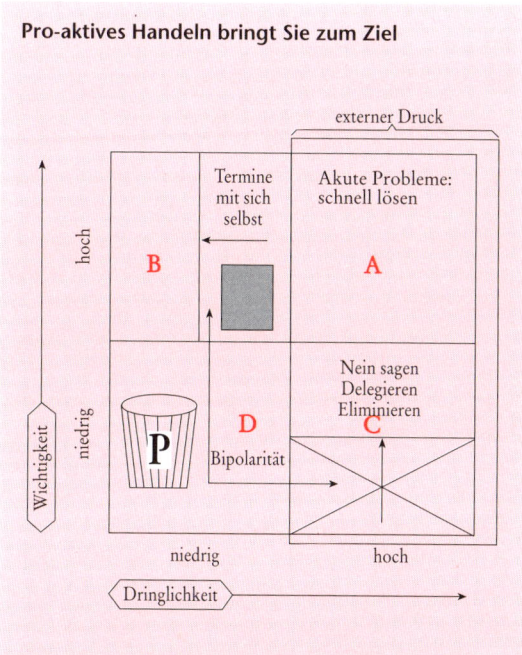

Pro-aktives Handeln bringt Sie zum Ziel

Vergessen Sie die unwichtigen, aber eiligen Dinge (C).
Die Dinge, die Sie wirklich weiterbringen,
liegen im Quadranten B.

Entscheidungsfreiheit

Doch wir Menschen haben als einzige unter den Lebe-
wesen die Möglichkeit, selbst zu entscheiden, wie wir
auf bestimmte Reize (also soziale Bedingungen) reagieren. Zwischen dem *Reiz* und der *Reaktion* haben wir die
Freiheit und auch die Kraft zur Verfügung, zu bestimmen, wie wir reagieren wollen.

Viktor Frankl, für mich einer der bedeutendsten Psychologen und der Begründer der Logotherapie, formulierte dieses Gesetz der Pro-Aktivität:
Sie allein bestimmen, wie Sie auf alles, was Ihnen im Leben widerfährt, reagieren.
Damit können Sie also getrost all Ihre Rechtfertigungen dafür vergessen, Ihre Ziele nicht wie geplant realisiert zu haben. Sie allein entscheiden nämlich, wie Sie auf die Forderung Ihres Chefs reagieren, jetzt auch noch schnell das Angebot für Firma Eilig zu erstellen, statt wie geplant rechtzeitig Feierabend zu machen und mit dem Filius ins Schwimmbad zu gehen. Sie allein entscheiden, ob Sie sich auf das tägliche Schwätzchen am Kopierer einlassen oder wie geplant an Ihrer Präsentation für die neue Kampagne arbeiten, die Ihren nächsten Karriereschritt einleiten soll. Wie entscheiden Sie sich heute?
Sie sehen, die feine Unterscheidung zwischen Dringendem und Wichtigem macht tatsächlich den Unterschied. Probieren Sie, wie es in der Matrix auf der Seite 49 vorgeschlagen ist, den geplanten wichtigen Zielen den Vorrang zu lassen. Lassen Sie sich nur von Aufgaben unterbrechen, die sowohl dringend als auch für Ihre Ziele wichtig sind. Wie wäre es jetzt mit einer schönen Pizza …?

Was zählt, ist einzig und allein das *Ergebnis*. Ergebnisse erzielen wir durch Konzentration unserer Kräfte auf das,
⇨ was wir am besten können,
⇨ was uns am meisten Spaß macht,
⇨ womit wir wirksam zur Verwirklichung unserer Lebensvision beitragen.

Das Erfolgsgeheimnis lautet also, mit welcher Strategie Sie Ihre Effektivität steigern und schneller zur Verwirklichung Ihrer Lebensziele beitragen: Machen Sie die wichtigen, aber nicht dringlichen Dinge dringlich. Im Berufsleben wird derjenige geschätzt, der Resultate bringt. Überstunden-Helden werden zwar wahr-, aber nicht unbedingt ernst genommen.

4.2 Schlüsselaufgaben: Streichel-einheiten für Ihre Stärken

Schon aus unserer Schulzeit sind wir es gewohnt, uns vorwiegend auf unsere Schwächen zu konzentrieren. Bereitet Ihnen die Fünf in Biologie noch immer Schmerzen, wenn Sie daran denken, welchen Aufstand Ihre Eltern und Lehrer darum gemacht haben? Doch wie war es mit den Fächern, in denen Sie besonders gut waren? Stellen Sie sich vor, Sie hätten sich damals ganz

auf diese Stärken konzentriert. Dann hätten Sie dort bestimmt noch bessere Ergebnisse erzielt und hätten sich vor allem besser gefühlt, weil durch das gestiegene Selbstbewusstsein die Leistungen in den Problemfächern ebenfalls besser geworden wären. Wir müssen nicht alles können. Viel wichtiger ist es, wenigstens eine Sache überdurchschnittlich gut zu beherrschen.

Lernen Sie es, sich zukünftig auf Ihre *Stärken zu konzentrieren*, wenn Sie Ihre Wünsche und Ziele erreichen wollen. Fragen Sie sich vor dem Hintergrund Ihrer Lebenshüte,

- ▷ mit welchen Aktivitäten Sie jeweils die größte Wirkung erzielen können,
- ▷ worauf Sie sich in der Zeitspanne der nächsten ein bis drei Jahre vorwiegend konzentrieren sollten.

Damit formulieren Sie Ihre *Schlüsselaufgaben*, die in Ihrem Leben allerhöchste Priorität haben. Wahrschein-

lich fallen Ihnen zehn oder zwölf Kernaufgaben ein, wenn Sie sich mit diesem Gedanken auseinander setzen. Doch hier lässt die Verzettelung schon wieder grüßen! Sie müssen sich entscheiden. Man kann nur auf wenigen Gebieten ausgezeichnete Leistungen bringen. Deshalb sollten Sie sich fragen, was Sie im Leben mehr als alles andere wollen. Vorschlag: Reduzieren Sie Ihre Schlüsselaufgaben auf eine pro Lebensbereich. Wichtig dabei: Trennen Sie niemals Berufs- und Privatleben, damit Ihre Balance gewahrt wird.

Solche *Schlüsselaufgaben* helfen Ihnen, Ihren Zielen tatsächlich näher zu kommen. Trauen Sie sich ruhig, und erwählen Sie eine Aufgabe, bei der Sie die größte Mühe haben, Ihren inneren Schweinehund zu überwinden. Fragen Sie sich:

▷ Was ist aus meiner Sicht die wichtigste Aufgabe?
▷ Was würde mir am schnellsten helfen, mein Ziel zu erreichen (siehe Beispiel und Übung nächste Seite)?

Leben Sie pro-aktives Prioritäten-Management, denn Agieren ist immer besser als Re-agieren.
- *Wenn Sie Ihre Schlüsselaufgaben kennen, wird es Ihnen leichter fallen, sich in Zukunft nicht so oft vom Pizza-Taxi-Syndrom infizieren zu lassen.*
- *Sie werden Ihre Termine vorwiegend selbst bestimmen, statt der Fremdbestimmung freie Hand zu lassen, und Sie werden am Abend jedes Tages glücklicher und ausgefüllter sein.*
- *Sie werden sehen, wie viel Spaß es macht, zu agieren, statt zu re-agieren.*

Beispiel: So finden Sie Ihre Schlüsselaufgaben

Entscheidend ist es, sich bei der Formulierung von Schlüsselaufgaben auf einige wenige Punkte zu konzentrieren. An einem Beispiel sehen Sie, wie Sie Ihre Kernaufgaben finden können. Dabei gilt als oberste Regel: Weniger ist mehr.

Lebensbereich: Körper/Gesundheit

Mein Vorsatz: Gesünder leben

Etappenziel 1: Bewegung: Ich jogge täglich morgens um 6.00 Uhr für mindestens 1/2 Stunde.

Etappenziel 2: Ernährung: Ich esse nur noch zu den Mahlzeiten (3 bis 5 kleine Mahlzeiten pro Tag genügen mir). Mindestens zwei Drittel meiner Nahrung bestehen aus frischen Obst, Gemüse und fettarm zubereiteten Speisen. Ich trinke bewusst viel Wasser und ungesüßte Tees und beschränke meinen Kaffeekonsum auf 2 Tassen pro Tag. Ehernes Gesetz: kein Süßes, höchstens 2x pro Woche Alkohol

Mein Ziel: Ich kann am 31.12. 2001 5 km ohne Beschwerden durchlaufen. Ich wiege 75 Kilogramm und fühle mich so fit und gesund wie schon seit Jahren nicht mehr.

▷ Schlüsselaufgabe für diesen Lebensbereich: Ich jogge mindestens 3x pro Woche für mindestens 1/2 Stunde.

Übung: Meine Schlüsselaufgaben 2001

Weniger ist mehr! Definieren Sie Ihre Schlüsselaufgaben für jeden der vier Lebensbereiche. Wenn Sie sich auf diese Aufgaben konzentrieren, dann werden Ihnen die damit verbundenen Erfolgserlebnisse Aufschwung für Ihre gesamte Zielerreichung geben.

Lebensbereich: Leistung/Finanzen

➪ Meine Schlüsselaufgabe:

Lebensbereich: Körper/Gesundheit

➪ Meine Schlüsselaufgabe:

Lebensbereich: Beziehung/Partnerschaft

➪ Meine Schlüsselaufgabe:

Lebensbereich: Sinn/Werte

➪ Meine Schlüsselaufgabe:

----

5. Ziel- und Zeitplanung konkret: Vom Jahr zum Tag

Warum kommen die großen Kiesel zuerst in den Eimer? Seite 57

Fahren Sie mit der S-Klasse durchs Jahr, oder verlassen Sie sich auf die Mitfahrzentrale? Seite 63

Kennen Sie die Zutaten für eine Woche ohne Hetze und schlechtes Gewissen? Seite 67

„Ein Ziel ist ein Traum mit Deadline." **Leo B. Helzel**

Erfolge im Kleinen sind vielen Menschen Bestätigung genug, dass sie schon auf dem richtigen Weg sind. „Dieses Vorgehen hat sich immer bewährt", sagen sie und machen im selben Trott weiter. So reiht sich kleines Glück an kleines Glück, aber das große Feuerwerk bleibt aus. Stellt sich ein Misserfolg ein, sind sie überrascht: „Das verstehe ich gar nicht. Ich habe es doch immer so gemacht!" Und weiter geht's nach altem Muster. Wer erfolgreich sein will, muss loslassen und sich bewusst sein, dass ihm die Summe vieler Kleinsterfolge viel weniger bringt als die Realisierung eines großen Traums.

Wenn Sie weiterhin nur die Dinge tun, die Sie immer getan haben, dann erreichen Sie auch nur die Ziele, die Sie immer erreicht haben.

5.1 Prioritäten sind Trumpf: Die großen Kiesel zuerst

Wer wirklich etwas erreichen will, der muss die großen Kieselsteine zuerst in seinen Eimer legen. Mit dieser schönen Metapher erklärt *Stephen R. Covey*, wie wir unsere Zielplanung tatsächlich realisieren können: Stellen Sie sich einen Zehn-Liter-Wassereimer vor, der randvoll mit Kieselsteinen gefüllt ist, und fragen Sie sich, was in diesen Eimer noch hineinpasst. Als Antwort kommt dann häufig: „Noch ein paar ganz kleine Kiesel, etwas Sand und vielleicht auch noch etwas Wasser, um alle Zwischenräume auszufüllen."

Auf Ihr Leben übertragen würde das bedeuten: Wenn wir die bisher ungenutzten Lücken in unserem Tagesablauf noch sorgfältiger verplanen, gewinnen wir Zeit. Hier noch eine Verabredung, dort noch ein Terminchen. Hilfe, am Freitagabend ist noch gar nichts eingetragen! Am Ende Ihres Lebens würden wir uns fragen, wozu wir überhaupt existiert haben, denn es wird nichts Wesentliches geben, worauf wir zurückblicken können. Die ganze Plage war umsonst.

Was uns dieses Prinzip dagegen wirklich sagen will, ist: **Wenn wir die dicken Kiesel nicht zuerst in den Eimer packen, passen sie überhaupt nicht hinein.** Denken Sie jedoch daran, noch genügend Platz für die weniger wichtigen Dinge: Kies, Sand und

Wasser zu lassen. Das sind die täglichen Begleitumstände des Lebens, die wir nicht ausschalten können. Haben wir aber unsere Zeit mit den dicken Kieseln geplant, dann werden wir mit den Nebensächlichkeiten effizienter fertig.

Schreiben Sie Ihr Drehbuch nach dem Kieselprinzip – konzentrieren Sie sich auf die Hauptaufgaben, und lassen Sie weg, was möglich ist. Nur so werden Sie später mit großer Zufriedenheit auf einige Leuchtsterne zurückblicken können.

5.2 Das wird Ihr Jahr: Mit dem richtigen Fahrplan ans Ziel

Sie sind Ihren Zielen schon viel näher als 80 Prozent Ihrer Mitmenschen, wenn Sie sich mit Ihrer Lebensvision beschäftigen, das Balance-Prinzip nicht aus den Augen verlieren und Ihre Schlüsselaufgaben für jeden Lebensbereich bereits festgelegt haben. Ob Sie Ihre Kernaufgaben nun tatsächlich angehen, hängt von zwei Faktoren ab:

↪ von Ihrer Motivation und vor allem
↪ von einem vernünftigen Fahrplan.

Zum Thema *Motivation* ließe sich sehr viel sagen. Ich möchte es auf einen Tipp beschränken: Ihre wahre Motivation kann immer nur von innen kommen. Niemand kann Sie dauerhaft antreiben, etwas zu tun. Nur was Sie selbst wirklich wollen, werden Sie auch bekommen. Doch auch wer bis unter die Haarwurzeln motiviert ist, wird seine Ziele nicht ohne einen vernünftigen Fahrplan erreichen. Sie müssen Ihre *Ziele schriftlich und sehr konkret planen*; ansonsten bleiben sie süße Träume aus einem anderen Leben.

Wie wär's mit 365 Tagen Spaß und Disziplin?

„Ich möchte gesund bleiben und toll aussehen. Ich möchte viel Geld verdienen. Ich möchte Karriere machen. Ich möchte eine harmonische Partnerschaft haben." Hier befinden wir uns im jährlich wiederkehrenden Reigen der guten Vorsätze, die oft schon am nächsten Tag mit all seinen Dringlichkeiten vergessen sind. Wer sich mit diesen falschen Freunden durchs

3 Basics für Ihre Zielerreichung

☼ Lebenshüte und Zeit-Balance-Modell

Schauen Sie sich das Zeit-Balance-Modell an, und überlegen Sie, wie Sie in Ihre Jahresziele die einzelnen Lebensbereiche integrieren wollen. Schreiben Sie neben das jeweilige Ziel, welchen Lebensbereich es vertritt und welchen Ihrer Lebenshüte es widerspiegelt.

☼ Ziele müssen Sie im Inneren bewegen

Ohne Emotionen ist jedes Ziel von vornherein eine Totgeburt. Möchte zum Beispiel Ihre Partnerin, dass Sie mit dem Rauchen aufhören, Sie denken aber, dass Sie mit dem Nikotin doch eigentlich ganz gut leben können, dann brauchen Sie dieses Ziel gar nicht erst in Ihre Jahreszielplanung aufzunehmen. Schreiben Sie neben jedes Ziel, das Sie für sich verfolgen wollen, welche Beweggründe diesem Ziel zugrunde liegen. Es gibt dabei negativ besetzte Beweggründe, wie z.B. Forderungen anderer, Kampf um Statussymbole oder pure Geltungssucht. Natürlich können Sie auch Ziele mit diesen Auslösern erreichen, aber Sie werden weder auf dem Weg noch im Ergebnis zufrieden damit sein. Fragen Sie sich deshalb immer: „Passt dieses Ziel wirklich zu mir?", „Bin ich mit meinem Herzen dabei?", „Ist es wirklich mein Ziel?"

☼ Ziele müssen immer schriftlich fixiert sein

Schriftlichkeit ist ein absolutes Muss bei Ihrer Zielformulierung. Unser Unterbewusstsein benötigt klare Anweisungen, um zu handeln. Wer sein Ziel nicht aufschreibt, der glaubt nicht wirklich daran, es jemals zu erreichen.

Leben schleicht, erreicht keine Ziele, sondern verpasst schlicht und ergreifend die besten Gelegenheiten: Dann sind die Kinder plötzlich aus dem Haus, die Beziehung ist gescheitert, und das Berufsleben ist ohne die gewünschten Höhen beendet.

Ergreifen Sie deshalb jetzt die Gelegenheit beim Schopf, und lassen Sie Ihrem Wollen *Taten* folgen. Sich ein Ziel zu setzen und alles zu tun, um es zu erreichen, kostet natürlich Kraft, Energie und vor allem Disziplin. Aber es mobilisiert ungeahnte Kräfte und verschafft auch wunderbare Gefühle der Freude, des Triumphs und der

Zufriedenheit. Nehmen Sie sich jetzt einmal die Zeit, Ihre *Ziele für das nächste Jahr* zu formulieren (das muss nicht unbedingt das Kalenderjahr sein, denn wenn Sie dieses Hintertürchen betreten und bis Ende Dezember warten, dann war es wieder nur der berühmte Vorsatz). Nur wenn Sie die richtigen Prioritäten für die *nächsten zwölf Monate* setzen, schaffen Sie es im Alltag monatlich, wöchentlich und täglich, sich auf das Wesentliche zu konzentrieren, nämlich auf die *Schlüsselaufgaben*, die Sie Ihren Zielen näher bringen.

Und so funkioniert es:
Die SMART-Formel für Ihren Erfolg
Um Ihre Ziele zu erreichen, müssen Sie sie so formulieren, dass Ihr Unterbewusstsein Ihnen bei der Realisierung helfen kann. Wie das konkret aussieht, sehen Sie am Beispiel auf der Seite 64. Folgende Formel baut Ihnen eine Brücke auf dem Weg zur optimalen Zielformulierung:

⟹ **S**-Spezifisch, konkret formuliert
⟹ **M**-Messbar
⟹ **A**-Aktionsorientiert
⟹ **R**-Realistisch
⟹ **T**-Terminiert

Die SMART-Formel können Sie für die Formulierung all Ihrer Ziele einsetzen, egal, ob es langfristige Ziele für die nächsten zehn Jahre sind, die Etappenziele in jedem Ihrer Lebensbereiche für das nächste Jahr, Ihre Wochenziele oder auch Ihre jeweiligen Teilziele für den nächsten Tag.

SMART – Die S-Klasse für Ihre Zielformulierung

S-Spezifisch: Formulieren Sie jedes Ziel konkret und eindeutig, ansonsten bleibt es ein Wunsch. *Beispiel:* Wollen Sie beruflichen Erfolg, dann legen Sie konkret fest, was Sie dafür tun wollen.

M-Messbar: Formulieren Sie messbar, ansonsten verlieren Sie Ihr Ziel aus den Augen. *Beispiel:* Wollen Sie regelmäßig ins Theater, dann legen Sie genau fest, wie oft Sie das jährlich tun (Abo!).

A-Aktionsorientiert: Formulieren Sie Ihre Ziele immer positiv aktiviert. *Beispiel:* „Ich werde täglich zu jeder Mahlzeit Salate, Obst oder Gemüse essen." Falsch: „Ich schlemme nicht mehr gedankenlos."

R-Realistisch: Ihr Grundsatz lautet: Ehrgeizig, aber erreichbar. *Beispiel:* „Ich jogge 3x wöchentlich und laufe nach 12 Monaten 10 Kilometer." Unrealistisch: „Ich jogge 3x wöchentlich, um am Ende eines Jahres den Boston-Marathon mitzulaufen."

T-Terminiert: Zeitlicher Bezug ist ein Muss, so dass Sie sich auch an den Terminen messen können. *Beispiel* zu Harmonie in der Partnerschaft: „Jeden 2. Freitag im Monat gehe ich mit meiner Partnerin ins Kino oder Theater."

So setzen Sie Ihre *Ziele:*

- Positiv in der Ich-Form: „Ich jogge täglich." (Verboten sind Formulierungen, wie: nie, kein, nicht mehr, aufhören, möchte.)
- Niemanden, außer sich selbst, verantwortlich machen: „Ich arbeite an meinen beruflichen Zielen (a,b,c,d,) und bin am 1. Januar … Abteilungsleiter."
- Den Preis bezahlen: Die Erreichung jedes Ziels kostet Sie Energie, Disziplin und Entbehrungen. Denn Sie müssen sich dafür aus Ihrer Komfortzone hinausbewegen und bereit sein, den Preis für Ihren Fortschritt zu zahlen.
- Die 72-Stunden-Regel: Beginnen Sie sofort mit dem ersten Schritt, nur so haben Sie die Chance, die Sache auch tatsächlich anzugehen.

Um Ihre Kernaufgaben zu realisieren, benötigen Sie einen konkreten Fahrplan: Formulieren Sie deshalb Ihre Ziele mit Hilfe der SMART-Formel.

5.3 Der Wochenkompass: Lebens-Balance im Kleinformat

Die *Wochenplanung* ist der kleine Bruder der Lebensplanung. Die meisten Menschen überschätzen völlig, was sie in einem Jahr schaffen können, unterschätzen dann allerdings, wozu sie in einem Fünf- oder Zehn-Jahres-Zeitraum in der Lage wären.
Auch für Ihre Wochenplanung bietet das *Kieselprinzip* eine anschauliche Grundlage. Denn die Woche spiegelt Ihren Lebensrhythmus realistisch wider. Inklusive

Meine Jahresziele

Lebensbereich

**Einfach
kopieren**

- - - - - - - - - - -

Mein Vorsatz:

- -

Etappenziel 1:

- -

- -

- -

Etappenziel 2:

- -

- -

- -

Etappenziel 3:

- -

- -

- -

Mein Ziel:

- -

- -

- -

Wochenende bietet sie Ihnen die Möglichkeit, Aktivitäten für alle Lebensbereiche zu planen. So haben Sie die Chance, all Ihre Ziele im Überblick zu behalten. Der Tag kommt erst später als letzte Planungseinheit hinzu. Dort geht es dann darum, die kleineren Kiesel, Kies und Wasser sinnvoll unterzubringen.

Sie wissen: Es gibt immer wieder Tage, an denen Ihre gesamte Planung auf den Kopf gestellt wird. Unerwartete Aufträge oder Ereignisse können den Tag im Nu durcheinander bringen. Aber mal Hand auf's Herz: Finden wir die Gründe nicht ebenso oft in uns selbst? Oft macht uns unsere innere Einstellung einen Strich durch die Rechnung mit dem Ergebnis, heute mal wieder nichts auf die Reihe gebracht zu haben.

Das Geheimnis einer vernünftigen Wochenplanung heißt also, *Prioritäten* zu setzen. Sie erhalten Ihre Balance, wenn Sie in jeder Woche für jeden Lebenshut und jedes Ziel einen Schwerpunkt setzen. Und so können Sie vorgehen:

- ⇨ **Planungszeit festlegen:** Reservieren Sie sich einen festen Termin, zu dem Sie die vor Ihnen liegende Woche planen. Am besten ist der frühe Sonntagabend geeignet. Sie haben dann das Wochenende im Sinne Ihrer Balance mit Freizeitaktivitäten verbracht und können sich relaxt auf die kommende Woche einstellen. Sie benötigen dafür nicht mehr als 20 Minuten.

- ⇨ **Prioritäten aufschreiben:** Schauen Sie sich Ihre Lebenshüte an, und schreiben Sie auf, welche Teilziele Sie in dieser Woche realisieren wollen.

- ⇨ **Feste Termine eintragen:** Tragen Sie zuerst Ihre festen beruflichen und *privaten* (!) Termine ein.

- ⇨ **Zeit für Ihre Prioriäten reservieren:** Blockieren Sie den Zeitraum für jeden Lebensbereich und Lebenshut hinsichtlich der Teilziele, die Sie in dieser Woche erreichen wollen.

- ⇨ **Zielerreichung prüfen:** Prüfen Sie immer, inwieweit Sie in der zurückliegenden Woche Ihre Ziele erreicht haben. Übertragen Sie unerledigte Aufgaben in die neue Woche. Realisieren Sie über mehrere Wochen bestimmte Ziele nicht, dann sollten Sie Ihre Zielplanung überdenken.

- ⇨ **Wochenplaner anschaffen:** Ich schlage Ihnen vor, zukünftig mit einer Wochenübersicht zu arbeiten, so haben Sie Ihre Woche immer fest im Blick.

Orientieren Sie sich am Beispiel auf der nächsten Seite, und planen Sie Ihre Woche zukünftig nach dem Kieselprinzip.

Die wöchentliche Planung verbindet Ihre Ziele sinnvoll mit Zeit, füllt Visionen mit Aktionen. Das große Ziel wird über die Schnittstelle Wochenplanung mit dem Tagesgeschehen verbunden.

Wochen-Kompaß

Balance der Lebensbereiche

2x Joggen

Kawa - Konzept fertig
Fußball Max
Kino Marion
Pessimisten - Buch 40 Seiten

Lebenshut: *Vater*
Fußball Max

Lebenshut: *Ehemann*
Kino Marion

Lebenshut: *Projektmanager*
Kawa

Lebenshut: *Chef*
Gespräch Müller

Lebenshut: *Sohn*
☎ Mutter

Lebenshut: *Vorstand T-Verein*
Rechenschaftsbericht

Lebenshut: *Elterngespräche*
Präsi JH relaxativ

Montag ●	Dienstag	Mittwoch
6. März	7. März	8. März
Rosenmontag	Fastnacht	Aschermittwoch
7³⁰ Joggen		7 Joggen
	Müller - FTR	
KT Köln	Kawa - Konzept	Mittagessen Hütte
Clausen	☎ JH	JF - Frantz
	Max	Kawa - Konzept
Marion Kino	Rechenschafts- bericht	☎ Mutter
22³⁰ 10 Seiten lesen	22³⁰ lesen	22³⁰ lesen

5.4 Carpe diem: Tipps für Ihren guten Tag

Last but not least kommt die *Planung Ihres Tages*. Auch wenn Sie genau festgelegt haben, was Sie in der Woche erreichen wollen – Papier ist so lange geduldig, bis der Praxistest kommt. Erst in Ihrer Tagesplanung wird sich erweisen, ob Sie den Versuchungen der Zeitdiebe widerstehen können, ob Sie es zustande bringen, sich tatsächlich auf Ihre *Schlüsselaufgaben* zu konzentrieren. Nur wenn Sie Ihren Tag konsequent planen und leben, können Sie Ihren Lebensacker kultivieren und Ihren Zielen Schritt für Schritt näherkommen.

Wie Sie planen: Überfrachten Sie sich nicht
Nehmen Sie sich für Ihre Tagesplanung täglich zehn Minuten Zeit, um die bereits stehende Wochenplanung um die konkreten Tagesziele zu ergänzen. Mit *Stephen R. Covey* gesprochen: Sie füllen jetzt den Sand und das Wasser in den Eimer, damit er ausgefüllt ist. Bedenken Sie aber, dass er niemals zu voll sein sollte. Sie planen:

⇨ Geplante und periodisch wiederkehrende Termine: Tragen Sie alle festen Termine unbedingt in Ihren Tagesplan ein.

⇨ Unerledigtes vom Vortag: Wichtige Dinge, die Sie am Vortag nicht erledigen konnten, sollten Sie nicht unter den Tisch fallen lassen.

⇨ Telefonate, Gespräche und Korrespondenz: Reservieren Sie auch genügend Zeit für Telefonate, andere anstehende Gespräche mit Kollegen, Kunden und Vorgesetzten sowie für Ihre Korrespondenz (Stichwort: E-Mail-Flut). Gerade in diesem Bereich wird häufig zu wenig Zeit angesetzt.

⇨ Zeit für Neues und Unerwartetes: Ganz entscheidend für einen harmonischen, ausgeglichenen Arbeitstag ist, dass Sie genügend Zeit für Störungen, aktuell auftretende Probleme und Aufgaben, aber auch für nicht vermeidbare Zeitdiebe und vor allem soziale Aktivitäten einplanen. Ansonsten programmieren Sie Zeitdruck und Unzufriedenheit.

⇨ Planen Sie vergleichbare Aktivitäten in Blöcken, denen Sie grobe Zeitstrukturen geben. Beispielsweise das Lesen und Beantworten neu eingegangener E-Mails oder Faxe, terminierte Telefonate oder anstehende Korrespondenz mit Ihren Geschäftspartnern. Bleiben Sie aber unbedingt flexibel.

⇨ Stellen Sie Ihre Prioritäten konsequent in den Mittelpunkt. Fragen Sie sich bei jedem neuen Arbeitsvorgang: Was ist wirklich wesentlich? Was würde passieren, wenn ich das jetzt nicht erledige?

⇨ Planen Sie jeweils nach 1 1/2 Stunden eine kleine Entspannungspause ein. Auf diese Weise richten Sie sich nach Ihrem natürlichen Rhythmus.

Unterschätzen Sie Ihren tatsächlichen Zeitbedarf nicht. Verplanen Sie niemals mehr als 60 Prozent Ihres Tages fest. Als Faustregel gilt: 60-20-20. 60 Prozent für geplante Aufgaben, 20 Prozent für Störungen und Zeitdiebe, 20 Prozent für soziale Kontakte.

Planen Sie nach der ALPEN-Methode

Die ALPEN-Methode bietet Ihnen eine ideale Hilfestellung für Ihre täglichen zehn Minuten Planung.

Das Tageskamel

⇨ Alle Aufgaben notieren, auch scheinbare Routinen und Kleinigkeiten. Denken Sie daran: Nur was Sie aufschreiben, hat auch die Chance, getan zu werden.

⇨ Länge der Aktivitäten: Die meisten Menschen nehmen sich mehr vor, als sie erreichen können. Das frustriert. Kalkulieren Sie Ihren Zeitaufwand großzügig. Weniger ist mehr.

⇨ Pufferzeiten einplanen: Planen Sie genügend Zeit für Unvorhergesehenes und Pausen ein. Freuen Sie sich lieber über den Zeitgewinn, wenn Sie Störungen und Co. eliminieren konnten.

⇨ Entscheidungen treffen über Prioritäten, Kürzungen, Delegation. In diesen Punkt Zeit zu investieren, bringt Ihnen den größten Nutzen.

⇨ Nachkontrolle: Gewöhnen Sie sich an, Ihr Tagesergebnis zu überprüfen und zu übertragen. So manches, das mehrmals übertragen wird, erledigt sich auch von selbst.

Was Sie planen: Auf den Inhalt kommt es an

Damit Sie bei all Ihren ernsten, wichtigen und dringenden Aufgaben nicht die Freude am Tag verlieren, sollten Sie sich täglich auch auf die *positiven Seiten des Lebens* konzentrieren. Leider hat es sich, gerade bei uns Deutschen, durchgesetzt, Arbeit mit Ernsthaftigkeit und griesgrämigem Gesicht zu verbinden. Wer zu viel lacht, kann ja wohl unmöglich ernsthaft bei der Sache sein. Dem ist nicht so. Lachen hält gesund. Durch die Muskelbewegungen beim Lachen werden Endorphine freigesetzt, unsere Glückshormone (übrigens passiert das Gleiche bei körperlicher Betätigung).

Etablieren Sie Ihre täglichen Glücksgewohnheiten

Gewöhnen Sie sich an, täglich etwas für Ihr *gutes Feeling* zu tun.

☞ **Planen Sie in jedem Fall 20 bis 30 Minuten körperliche Betätigung ein.** Egal, wie voll Ihr Tag ist, die Zeit für Bewegung muss sein. Es reicht nicht, dass Sie „doch den ganzen Tag im Büro herumrennen". Wir Menschen sind zur Bewegung geboren. „Keine Zeit" ist dabei kein Argument, oder wollen Sie ernsthaft behaupten, Ihr Terminkalender sein voller als der von *Joschka Fischer*?

☞ **Halten Sie Ihren Geist und Verstand auf Trab.** Neben der intellektuellen Anregung im Beruf sollten Sie täglich zehn Minuten mit anregender Lektüre verbringen oder ein Gespräch mit einem Freund führen. Zeit dafür finden Sie, indem Sie die sanfte Berieselung durchs Fernsehen kürzen.

☞ **Suchen Sie täglich spirituelle und künstlerische Anregung.** Vom Theaterbesuch, über das Hören guter Musik, das stille Betrachten der Natur (mancher bekommt nicht

Ihr tägliches Erfolgs-Journal

Sie wissen, wie viel Disziplin es kostet, seine Ziele konsequent zu verfolgen. Sie können sich Ihren täglichen Motivationsschub dafür selbst verschaffen. Gewöhnen Sie sich an, ein  *tägliches Erfolgs-Journal* zu führen. Notieren Sie darin jeden Erfolg, auch den kleinsten. Sie wissen ja, nur das, was Sie aufgeschrieben haben, wird Ihr *Unterbewusstsein* auch verarbeiten. Neben der hervorragend motivierenden Wirkung gehen Sie damit auch eine Verpflichtung ein: Sie fühlen Sie sich Ihren Vorsätzen und Zielen stärker verbunden und werden sich wesentlich mehr darauf konzentrieren. Schließlich wollen Sie in der Stunde der Wahrheit nicht vor sich selbst das Gesicht verlieren.

Gut geeignet für Ihr persönliches Erfolgs-Journal ist Ihr Zeitplanbuch. Tragen Sie einfach am oberen oder unteren Ende der Tagesspalte den „Stand der Dinge" ein:

➪ Welche Teilziele habe ich heute erreicht?
➪ Was habe ich aus dem heutigen Tag gelernt? Was kann ich morgen besser machen?
➪ Welche Aktivitäten haben nur Zeit gekostet, aber nichts gebracht?
➪ Was kann ich mir als Belohnung Gutes tun?

einmal die Jahreszeitenfolge mit, weil er im klimatisierten Büro gar nicht damit in Berührung kommt) bis hin zu Meditation gibt es unendlich viele Wege, sich täglich einmal kurz vom schnöden Alltag zu verabschieden.

▷ **Machen Sie täglich anderen eine Freude.** Ein paar freundliche Worte wechseln, der Kollegin die Tür aufhalten, der eigenen Partnerin ein Kompliment machen, eine Münze in eine abgelaufene Parkuhr stecken oder einer gestressten Mutter mit quengligem Kind in der Kassen-Schlange den Vortritt lassen. Es gibt so viele kleine Dinge, die das Leben verschönern – sowohl das eigene als auch das der anderen. Und wenn Sie geben, werden Sie auch etwas zurückbekommen. Dieses System funktioniert, probieren Sie es aus.

▷ **Erstellen Sie Ihre Wohl-Tu-Liste.** Was möchten Sie sich persönlich einmal gönnen? Erstellen Sie eine geheime Liste, und arbeiten Sie sie ab heute ab.

Denken Sie daran, tun Sie ab heute täglich etwas, was Ihnen wirklich Freude bereitet.

Weiterführende Literatur

Bücher

- COVEY, STEPHEN R.: **Die sieben Wege zur Effektivität.** Ein Konzept zur Meisterung Ihres beruflichen und privaten Lebens. 11. Aufl. Frankfurt / New York: Campus 2000.
- COVEY, STEPHEN R., MERRILL, A. ROGER UND MERRILL, REBECCA R.: **Der Weg zum Wesentlichen.** Zeitmanagement der vierten Generation. 3. Aufl. Frankfurt / New York: Campus 1999.
- KOCH, RICHARD: **Das 80/20-Prinzip.** Mehr Erfolg mit weniger Aufwand. Frankfurt / New York: Campus 1998.
- SEIWERT, LOTHAR: **Das Bumerang-Prinzip: Mehr Zeit fürs Glück.** Lebenskunst zwischen Muss und Muße. München: Gräfe und Unzer 2002. (www.bumerang-prinzip.de)
- SEIWERT, LOTHAR: **Das neue 1 x 1 des Zeitmanagement.** Zeit im Griff, Ziele in Balance. 24. Aufl. München: Gräfe und Unzer 2002. (**4-farbig,** in 20 Sprachen übersetzt)
- SEIWERT, LOTHAR J.: **Life-Leadership.** Sinnvolles Selbstmanagement für ein Leben in Balance. Frankfurt / New York: Campus 2001.
- SEIWERT, LOTHAR J.: **Mehr Zeit für das Wesentliche.** Besseres Zeitmanagement mit der SEIWERT-Methode. 20. Aufl. München: Redline Wirtschaft 2002. („der Zeitmanagement-Klassiker"!)
- SEIWERT, LOTHAR J.: **Wenn Du es eilig hast, gehe langsam.** Das neue Zeitmanagement in einer beschleunigten Welt. Sieben Schritte zur Zeitsouveränität und

Effektivität. 7. Aufl. Frankfurt / New York: Campus 2001.

- SEIWERT, LOTHAR J. und KAMMERER, DORO: **Endlich Zeit für mich!** Wie Frauen mit Zeitmanagement Arbeit und Privatleben unter einen Hut bringen. 2. Aufl. Landsberg am Lech: mvg 2000.
- SEIWERT, LOTHAR J. und TRACY, BRIAN: **Lifetime-Management.** Mehr Lebensqualität durch Work-Life-Balance. Offenbach: GABAL 2002.
- SHEEHY, GAIL: **Die neuen Lebensphasen.** Wie man aus jedem Alter das Beste machen kann. München: Droemer-Knauer 1998.

Informations- und Beratungsdienste

- **ORG: Der persönliche Organisations-Berater.** Das Beratungs-Programm zu allen relevanten Fragen der Büro-Organisation, des Zeit-Managements und des Selbst-Managements. *Loseblatt-Zeitschrift.* Bonn: VNR Verlag für die deutsche Wirtschaft, 2000 ff. **(www.org-online.de)**
- **Simplify Your Life.** Einfacher und glücklicher leben. *Monatlicher persönlicher Beratungsdienst.* Bonn: VNR Verlag für die deutsche Wirtschaft, 1999 ff. **(www.simplify.de)**
- **Lothar J. Seiwert-Brief. Work-Life-Coaching** – für ein Leben in Balance. *Monatlicher Beratungs- und Trainingsbrief.* München: Aktuell Verlag im Olzog Verlag, 2000 ff. **(www.coaching-briefe.de)** (Einen eigenen Coach, der Sie persönlich Schritt für Schritt voranbringt, können sich nur wenige leisten. Mit den Coaching-Briefen können Sie es auch!)

Register